Omri Boehm

Die Realität der Ideale

Propyläen wurde 1919 durch die Verlegerfamilie Ullstein als Verlag für hochwertige Editionen gegründet. Der Verlagsname geht zurück auf den monumentalen Torbau zum heiligen Bezirk der Athener Akropolis aus dem 5. Jh. v. Chr. Heute steht der Propyläen Verlag für anspruchsvolle und fundierte Bücher aus Geschichte, Zeitgeschichte, Politik und Kultur.

Omri Boehm

Die Realität der Ideale

Aus dem Englischen von Michael Adrian,
Steffi Reitmajer und Jan Schönherr

PROPYLÄEN

Für Dan

INHALT

VORWORT

> Nur das Licht, das von oben kommt, gibt dem Baum die nötige Kraft, sich fest in der Erde zu verwurzeln. In Wirklichkeit ist der Baum im Himmel verwurzelt. – *Simone Weil*

Als ich *Israel – eine Utopie* veröffentlichte, sah ich nicht voraus, dass das Wort Utopie im Titel so viele Missverständnisse hervorrufen würde. Naiv, vielleicht, aber wer hätte gedacht, dass ich mit der Berufung auf utopische Ideale riskiere, unrealistisch zu klingen? Dass das nie meine Absicht war, lässt sich dem englischen Titel des Buches entnehmen: *Haifa Republic. A Democratic Future for Israel.* Den gleichen Titel, mit dem Wort Zukunft in der Unterzeile, wird auch die demnächst erscheinende hebräische Ausgabe tragen.

Der Ausdruck Utopie war vielmehr eine bewusste Anspielung auf Theodor Herzls *Altneuland* von 1902 – ein utopischer Roman, wie sich das Buch damals nannte, was aber gewiss nicht hieß, dass der Gründervater der zionistischen Politik seinen Text für unrealistisch hielt. Das sieht man schon daran, dass er seinem Buch auf der ersten Seite ein heute berühmtes Motto voranstellte: »Wenn ihr wollt, ist es kein Märchen.« Dieses Motto habe ich für *Israel – eine Utopie* übernommen. Schlicht gesagt würde die Annahme, unerreichbare Ideale seien nicht zugleich zutiefst real, nicht bedeuten, dass man eine idealistische Politik aufgibt, sondern vernünftige Politik überhaupt. Es würde in Wirklichkeit bedeuten, der Vernunft ihre Grundlage abzuschneiden, die, wie Simone Weil es einmal über die Bäume gesagt hat, im Himmel verwurzelt ist.

Aber auch wenn niemand von uns glaubt, dass Utopien existieren können, ist es – erst recht seit dem 7. Oktober 2023 – fast zu leicht geworden zu glauben, wir wohnten der Entwicklung einer echten Antiutopie bei. Die Katastrophe, die sich in Israel und Palästina abspielt, hat nicht nur Städte, Kibbuzim, Flüchtlingslager und ganze Familien zerstört; sie hat auch die Kategorien erschüttert, mit denen wir die politische Realität wahrzunehmen, zu verstehen und über sie zu streiten pflegten. Das gilt nicht nur für Israel und Gaza selbst, sondern schlägt sich auch in unseren Diskussionen nieder, in europäischen und amerikanischen Medien ebenso wie im akademischen Leben. Wenn grundlegende Normen zusammenbrechen und die öffentliche Diskussion in ein Schreiduell ausartet, brauchen wir ein paar Grundsätze, die uns noch als Leuchtfeuer dienen können: Ideale, denen wir in diesen wahrhaft historischen Momenten – in denen sich das, was wir einst Realität nannten, auflöst, wir aber immer noch Orientierung im Denken benötigen – verpflichtet bleiben können.

In genau solchen historischen Momenten ist es besonders verlockend zu glauben, Ideale seien von Mythen nicht zu unterscheiden. Allen Verzweifelten, und das sind viele, erscheint das nur natürlich. Zynischen Konservativen, von denen es auch nicht gerade wenige gibt, war es immer schon dienlich, den Unterschied zwischen Idealen und Mythen zu leugnen. Verzweiflung und zynischer Konservatismus gehen Hand in Hand – und implizieren, ob aus Hoffnungslosigkeit oder Zynismus, dass es die Vernunft selbst nicht gibt, denn sie ist von einem Vermögen, welches Ideale aufzustellen (und natürlich auch zu kritisieren) vermag, auf ein Werkzeug im Dienste bequemer Mythen reduziert worden.

1944 hielt der aus Deutschland geflohene Ernst Cassirer in seinem US-amerikanischen Exil einen Vortrag mit dem Titel »Judaism and the Modern Political Myth« (Das Judentum und der moderne politische Mythos). Kein Jude, »welcher Provenienz auch immer, wird das schreckliche Martyrium dieser vergangenen Jahre je überwinden«, sagte er. »Die Opfer dieses Martyriums können nicht vergessen werden; die Wunden, die uns beigefügt wurden, sind unheilbar.« Doch unter all diesen »Schrecknissen«, behauptete er, gebe es eine »Erleichterung«:

> Was der moderne Jude in diesem Kampf zu verteidigen hatte, war nicht nur seine physische Existenz … Viel mehr stand auf dem Spiel. Wir mussten all jene ethischen Ideale vertreten, die durch das Judentum ins Leben gerufen worden waren und ihren Weg in die allgemeine menschliche Kultur gefunden hatten … und hier stehen wir auf festem Grund. Diese Ideale sind nicht zerstört und können nicht zerstört werden. Sie haben in diesen entscheidenden Tagen standgehalten. Wenn das Judentum dazu beigetragen hat, die Macht der modernen politischen Mythen zu brechen, dann hat es seine Pflicht getan und einmal mehr seine historische und religiöse Mission erfüllt.

Zu dieser Feststellung sind mindestens zwei Anmerkungen angebracht. Erstens ist es bemerkenswert, dass Cassirer, der im Unterschied zu Hermann Cohen, Walter Benjamin, Hannah Arendt oder Martin Buber gemeinhin nicht als bewusst jüdischer Denker gilt, sein eigenes Lebensprojekt – die Verteidigung der Aufklärung durch die Abgrenzung der Ideale vom Mythos – als ein genuin jüdisches bestimmt. Wie er selbst gesagt haben könnte, ist das, was seinen diversen philosophischen Arbeiten eine Einheit verleiht, die Tatsache, dass sie von einem »modernen Juden« unternommen wurden, wie er ihn in seinem Vortrag nennt.

Zweitens lohnt sich die Frage, wo dasselbe Projekt heute steht. Denn während die von Cassirer so bezeichneten modernen Juden als staatenlose Opfer beinahe natürlicherweise zum Kampf gegen den politischen Mythos beitragen konnten, hat sich die Aufgabe, die Ideale gegen den politischen Mythos zu bewahren, für moderne Juden im Zeitalter nach dem Holocaust unter jüdischer Souveränität als weitaus schwieriger erwiesen denn in Cassirers Tagen.

Das ist seit Jahren so, scheint mir, und nach dem 7. Oktober – angesichts einer wiederholten Pogrom-Erfahrung und wachsendem Antisemitismus auf der einen Seite sowie unaussprechlichen Verbrechen seitens Israel im Gazastreifen und im Westjordanland auf der anderen – ist die Möglichkeit, auf Idealen zu bestehen, die selbst keine Mythen sind, so schwierig wie unverzichtbar geworden. Die drei Reden, die hier versammelt sind, sind meine besten Versuche, trotz aller Schwierigkeiten einige erste Schritte in diese Richtung zu gehen. Keine von ihnen bemüht sich um eine theoretische Verteidigung der Realität von Idealen, was ich ausführlicher anderswo zu tun hoffe; keine von ihnen vertieft sich in die brennende politische Frage, ob sich in dieser neuen historischen Phase das Ideal des Friedens in einer Realität nach der Zweistaatenlösung in Israel und Palästina aufrechterhalten lässt. Vielmehr versuchen sie eine bestimmte Geisteshaltung zu verteidigen und eine Einstellung zu formulieren, die unter dem neuen und immer noch wachsenden Ausmaß an Zerstörung keinen Boden an die Verzweiflung oder den Zynismus preisgibt.

Die erste Rede, die ich nur Wochen nach dem Massaker im Haus der Kunst in München hielt, als Gaza bereits bombardiert und ausgehungert wurde, versucht an die unterbrochene jüdisch-deutsche Tradition des ethischen Monotheismus zu erinnern. Die zweite, meine Dankesrede für den Leipziger Buchpreis zur Europäischen Verständigung, plädiert dafür, das öffentliche Ideal der Freundschaft – und ihren Bezug zur Wahrheit – als ein Schema zu retten, das den abstrakten Begriff der menschlichen Würde konkretisiert. Die dritte, die auf dem Wiener Judenplatz als dritte »Rede an Europa« gehalten wurde, fordert dazu auf, sich gegen den Hobbes'schen Mythos vom Leviathan zu wenden, und behauptet, dass eine Begrenzung staatlicher Souveränität durch den Grundsatz der Menschenwürde (statt ihrer Stärkung durch schiere Furcht) eine notwendige Voraussetzung für den Frieden ist.

Jeder dieser Texte versteht sich als bescheidener Beitrag zu einer nicht ganz so bescheidenen Geisteshaltung: einer Geisteshaltung, die darauf beharrt, dass eine Fürsprache für die Utopie nicht dasselbe ist wie die Hoffnung auf eine ortlose moralistische Politik an einem zeitlosen Tag danach. Die Ideale als gültige Grundsätze ansieht und nicht als bequeme edle Lügen. Die den Gedanken ernst nimmt, dass Frieden wirklich von Gewalt zu unterscheiden ist, dass in Wahrheit die Menschenwürde unantastbar ist und nicht die nationale Souveränität, dass die Idee des Rechts von der der Gleichheit logisch nicht zu trennen ist. Ob wir uns diese Haltung zu eigen machen oder sie als »utopisch« abtun, macht den Unterschied in unserer Reaktion auf die unerträglichen Prüfungen aus, die heute vor uns liegen.

Omri Boehm
Berlin-Grunewald, Juni 2024

Aus dem Englischen von Michael Adrian

MÜNCHEN

Ethischer Monotheismus heute

Dieser Vortrag wurde am 15. November 2023 im Haus der Kunst als Keynote zur Eröffnung des Münchner Literaturfests gehalten. Es handelt sich dabei um eine stark überarbeitete und erweiterte Fassung eines Vortrags, der im vorangegangenen Frühjahr am Goethe-Institut New York gehalten worden war.

Im Jahre 1924 nahmen Martin Buber und Franz Rosenzweig eine Mammutaufgabe in Angriff: eine Übersetzung der Bibel aus dem Hebräischen ins Deutsche. Als Rosenzweig 1929 früh verstarb, war die Arbeit der zwei überragenden deutsch-jüdischen Philosophen noch nicht beendet, sodass Buber sie allein fortsetzte. Eine erste Fassung vollendete er 1938, dem Jahr, in dem er aus Berlin nach Jerusalem floh. *Die Schrift*, so lautete schließlich der deutsche Titel, darf noch heute als eines der wichtigsten Werke der modernen deutschen Literatur gelten, als eins der wichtigsten Dokumente des zerrütteten Erbes dessen, was Buber einstmals die »deutsch-jüdische Symbiose« nannte – ein Begriff, der später eine tragische Wendung erfuhr.

Dieses Übersetzungs- oder, genauer gesprochen, *Verdeutschungs*projekt war gleichermaßen eine Form der Assimilation von Juden an die deutsche Kultur wie eine spezifisch jüdische Abgrenzung davon. Und gerade in dieser Mischung aus Assimilation und Abgrenzung war es zugleich die

Neukonzeption eines deutsch-jüdischen Erbes, eines »Wir« in der ersten Person Plural für die deutschen Juden.

Assimilation war Bubers und Rosenzweigs *Schrift*, insofern sie darauf abzielte, den deutschen Juden eine ganz eigene deutsch-jüdische Identität zu geben. Deutsche Juden sollten die Bibel auf Deutsch lesen können, das sie als *ihre* Sprache ansahen. So gesehen lässt sich die Buber-Rosenzweig-Verdeutschung gut mit der von Martin Luther vergleichen, die es den Deutschen ermöglichen sollte, die Heilige Schrift in *ihrer* Sprache zu lesen.

Und doch offenbart der Vergleich mit Luther ebenso die jüdische Abgrenzung von deutscher Kultur. Die Übersetzung sollte es deutschen Juden ermöglichen, die Bibel auf Deutsch zu lesen, aber eben nicht im Deutsch Martin Luthers, soll heißen: nicht vermittelt durch eine christliche, womöglich sogar antisemitische Aneignung des jüdischen Texts. Deutsche Juden suchten also bei der

Konstruktion ihres deutsch-jüdischen Erbes nach einer direkten Verbindung zu ihrer spezifisch jüdischen Herkunft – nach ihren Wurzeln, ihren *radices.*

Diese Geste der gleichzeitigen Assimilation und Abgrenzung ist auch als jüdische Auseinandersetzung mit dem politischen Zeitgeist zu verstehen, insbesondere mit der politischen Kultur der Weimarer Republik. Auch Weimar war damals auf der Suche nach seinen Wurzeln, suchte diese allerdings in einer dem hebräischen Text entgegengesetzten, griechischen Tradition. Man denke nur an Nietzsches Auflehnung gegen die biblische Religion als eine Art »Sklavenmoral«, wie er dazu sagte; er wollte eine Neubelebung europäischer Kultur, die sich jedoch aus der griechischen Tragödie speisen sollte statt aus hebräisch-jüdischen Ursprüngen. Es lässt sich argumentieren, dass Weimar nicht nur gegen die hebräische Bibel antrat, sondern gegen eine konkrete, mit ihr einhergehende Idee: die eines ethischen, universalistischen Monotheismus.

Das griechische Erbe – sprich: eine Kultur des Polytheismus – sollte als authentische Herkunft wiederentdeckt und bekräftigt werden, als Alternative zum vermeintlich fremden Einfluss des Monotheismus der Bibel. Auch das lässt sich gut an Nietzsche zeigen, wenn dieser schreibt: »Der Monotheismus dagegen (...) – also der Glaube an einen Normalgott, neben dem es nur noch falsche Lügengötter gibt – war vielleicht die größte Gefahr der bisherigen Menschheit.«[1] Nietzsche und Weimar strebten also die Wiedergeburt eines angeblich authentisch europäischen, toleranten, nicht-jüdischen, griechisch-polytheistischen Perspektivismus an. Heute mag das kontraintuitiv erscheinen: Der Polytheismus wurde als das Erbe westeuropäischer Kultur behauptet, und sich gegen das Nicht-Europäische, gegen den Osten zu stellen hieß gerade, jenes monotheistische Erbe abzulehnen, das man als fremden, semitischen Einfluss ansah,

1 Friedrich Nietzsche, *Fröhliche Wissenschaft*, Frankfurt am Main 1982, S. 147

als nicht wahrhaft europäisch. Man muss sich nur Freuds bekannte These aus *Der Mann Moses und die monotheistische Religion* ins Gedächtnis rufen, Moses sei kein hebräischer, sondern ein ägyptischer Priester gewesen und der Monotheismus keine jüdische, sondern eine ägyptische Erfindung, die die Juden sich angeeignet und nach Europa getragen hätten, um den Widerstand gegen den Monotheismus als Versuch zu erkennen, das kulturelle Erbe Europas von im weitesten Sinne semitisch-jüdischen Einflüssen zu reinigen. Bubers und Rosenzweigs *Schrift* kann demgegenüber als Versuch gesehen werden, trotz allem das Erbe des ethischen Monotheismus des Judentums zu bekräftigen – und damit auch als jüdische Kritik eines modernen europäischen Polytheismus sowie der Neigung zu Fetischisierung und Mythisierung etwa des Staates.

Das Projekt währte nicht lang: Es wurde vom Krieg unterbrochen und dann von der systematischen Vernichtung des europäischen Judentums in der Shoah erdrückt. Buber schloss seine Übersetzung nicht in Deutschland ab, sondern als Zionist (der wohlgemerkt für einen binationalen Zionismus eintrat) in Palästina, wohin auch viele andere deutsch-jüdische Denker der Weimarer Zeit gegangen waren – zumindest die, die überlebt hatten: Auch Gershom Scholem, Nathan Rotenstreich und Hugo Bergmann, Kafkas Freund aus Prag, der mit Buber zusammengearbeitet hatte, verschlug es nach Palästina. Adorno und Arendt landeten an der New School for Social Research in New York, Ernst Cassirer in Yale. Hermann Cohen, der Ur-Kantianer der deutschen Philosophie und Pate des deutsch-jüdischen Denkens – eine bemerkenswerte Kombination –, war zu seinem Glück schon früher verstorben, doch seine Frau Martha Cohen wurde als über Achtzigjährige in Theresienstadt ermordet. Auch Walter Benjamin hat bekanntlich nicht überlebt. All diese Denker sind freilich sehr unterschiedlich; gerade deshalb ist es aber so bedeutsam, dass man sie alle nur richtig verstehen kann, wenn man beachtet, wie sie im Kern ihres zeitkritischen, politischen Engagements den ethischen Monotheismus der biblischen Propheten bekräftigten.

Lassen Sie mich nun ins Jahr 1953 springen: Damals unternahmen Rotenstreich und Bergmann etwas ganz Ähnliches wie Rosenzweig und Buber, nur in umgekehrter Richtung: In Israel – als deutsche Exilanten, wenn Sie so wollen – übersetzten sie Kants *Kritik der reinen Vernunft* ins Hebräische. Eine Kluft trennt diese beiden Unternehmungen: Auf der einen Seite die Notwendigkeit, die Bibel aus dem Hebräischen ins Deutsche zu übertragen, um deutsch-jüdischen Monotheismus in Weimar sowie eine Kritik der Weimarer Kultur zu ermöglichen, auf der anderen der Bedarf an einer Übersetzung der *Kritik der reinen Vernunft* aus dem Deutschen ins Hebräische, damit sich in Israel eine Kultur der Aufklärung bilden konnte – und damit auch ein aufgeklärter, selbstkritischer Zionismus. Dass ausgerechnet ein palästinensischer Intellektueller und Politiker die erste, noch heute kanonische Übersetzung von Kants Schrift *Was ist Aufklärung?* ins Hebräische veranlasst hat, verleiht dem Entwickungsverlauf dieses zerrütteten Erbes noch einmal eine ganz eigene Dimension.

Das ist die Kluft, die sich in unserer Tradition auftut: Nicht nur die Schwierigkeit, den ethischen Monotheismus als lebendiges Erbe zu erkennen, und andererseits die mangelnde Fähigkeit, wieder eine Verbindung zu zionistisch-aufklärerischem Denken herzustellen, sondern die Schwierigkeit, den Abgrund überhaupt zu bemerken, der zwischen den beiden geschaffen wurde und der unser Denken heute bestimmt. Die Schwierigkeit, einen echt universalistischen ethischen Standpunkt zu formulieren – und eine Kritik unserer Gegenwart, in der eine Arendt, ein Buber oder ein Cassirer, so unterschiedlich sie auch waren, noch einen Fortschritt in ihren Fußstapfen erkennen könnten.

Ein Autor, der diesen Mangel nicht nur aus historischer Perspektive beleuchtet, ist Navid Kermani.

Zu Beginn seines Buchs *Zwischen Koran und Kafka* spricht er eindringlich über den »leer gelassenen Platz« der »jüdischen Kosmopoliten«, die in Deutschland die »Idee der Propheten« mit sich trugen. Diese Propheten, so zitiert Kermani eine israelische Freundin, könnten »heute nicht mehr reden (auch wenn sie könnten, dürften sie ja nicht)«, und doch suchen wir noch immer nach ihrer Stimme: »[E]s geht ja darum, so gut es eben geht, mit unseren beschränkten Mitteln, Erfahrungen und Worten den Platz zu füllen, der im 20. Jahrhundert so leer wurde«; »Wie auch immer es ausfällt, bleibt der Platz in Deuschland schrecklich leer.«

Mir scheint, Kermani hat recht. Wir wissen zwar, wie man die Geschichte dieses deutsch-jüdischen Erbes schreibt, aber können wir sein Projekt auch heute noch als lebendig ansehen? Nicht nur in Deutschland, nicht nur in Israel, sondern in größerem Sinne, als politisch-intellektuelle Kritik unserer Gegenwart? Ein solcher Trend ist nicht in

Sicht: Weder die amerikanische noch die europäische Geisteswelt haben ihn aus der kantischen Tradition aufgegriffen, der Postkolonialismus schon gar nicht, und auch in der Frankfurter Schule scheint er mir aktuell nicht lebendig zu sein.

Allerdings glaube ich, wir können sehr wohl den Ruf benennen, dem die ethischen Monotheisten in Weimar folgten. Er bestand letztlich in dem Gedanken, dass universalistischer Monotheismus nicht etwa mit der Idee des Einen Gottes anfängt, sondern mit der Idee der einen Menschheit. Unabhängig davon, wie sehr all diese Denker sich voneinander unterschieden, hatten sie diese Idee sozusagen alle in ihrem kollektiven Gepäck. Im Vorwort zu Hermann Cohens letztem, postum erschienenen Werk spricht seine Frau Martha Cohen vom »unerschütterlichen Vertrauen« ihres Manns in die »fortdauernde Lebenskraft des Judentums« – eine Lebenskraft, deren Höhepunkt dieser »in den Propheten [sah], mit denen er sich lebenslang verbunden fühlte«. Und wie Cohen selbst schreibt, besteht der Geist der Propheten im »Triumph der Religion der Propheten über die Philosophie der Ethik: dass sie allein die Idee der Menschheit entdeckt hat«.

Und hinsichtlich der Auseinandersetzung des Monotheismus mit dem griechischen Polytheismus gilt: Der Triumph der Propheten über die Philosophie ist der Triumph des hebräischen ethischen Monotheismus über den Polytheismus der griechischen Philosophen, wobei der Monotheismus sich hier vom griechischen Polytheismus weniger in Bezug auf Gott unterscheidet als in Bezug auf die Menschheit. Exakt darin liegt der springende Punkt: Cohen war überzeugt, dass der Humanismus der Propheten sich eben doch philosophisch bestätigen lässt, und zwar genau durch die Idee der Menschheit, wie Kant sie vielleicht am prägnantesten in *Was ist Aufklärung*? formuliert hat.

Die Idee der einen Menschheit traf damals wie heute auf finstere Zeiten. Aber vielleicht ist gerade dies die Definition einer finsteren Zeit: eine, in der die Idee von der Menschheit in Bedrängnis gerät. Die meisten von uns stehen nach wie vor zu der Aussage »Die Würde des Menschen ist unantastbar«, doch während das eine politische Lager sie unablässig wiederholt, aber kaum über die Grundlagen verfügt, die unbedingte Pflicht zu verstehen, die aus dem Begriff »unantastbar« folgt (oder über das Verantwortungsbewusstein, diese Pflicht auch zu erfüllen), begreift das andere politische Lager dieses universalistische, ja kantische Gebot nicht etwa als Antwort auf vergangene und gegenwärtige Verbrechen, sondern als deren Grund – und als den Grund für westliche Gewalt und Ausbeutung. Humanismus ist aus dieser letzteren Perspektive bloß eine Maske der Herrschenden: Sie maskiert die Zerstörung von Natur, die Kolonisierung ganzer Kontinente sowie die Versklavung, wenn nicht sogar Ermordung unzähliger Menschen. Vor etwas mehr als einem Monat konnte man die ganze Auseinandersetzung zwischen vorgeblichem Universalismus und Postkolonialismus noch für eine lediglich akademische Debatte halten – oder schlimmer: für eine Sammlung kleinlicher Anekdoten, sowohl aufseiten der Vertreter der Identitätspolitik als auch auf der ihrer Kritiker. Seit dem 7. Oktober wissen wir, was auf dem Spiel steht. Nachdem wir erst den abscheulichen Anschlag der Hamas auf israelische Zivilisten (und das Zögern gewisser Kreise, sich klar dagegen auszusprechen) erlebt haben und danach die Bombardierung von Gaza (sowie die kalte Schulter, die bestimmte andere Kreise angesichts einer sich anbahnenden humanitären Katastrophe dem Völkerrecht zeigen), wissen wir um die Gefahren einer Gesellschaft, in der kaum ein politisches Lager bereit ist, wahrhaft universalistische Gebote zu verteidigen.

Kann das Erbe des Humanismus heute noch überleben? Hat der Universalismus noch Platz im geistigen Erbe der Zukunft, oder wird er in Verruf gebracht werden, einerseits durch den Vorwurf des Rassismus und Kolonialismus, andererseits durch den des Antisemitismus? Ist echter Universalismus nur naive Schwärmerei, wie manche liberalen Denker uns glauben lassen möchten? Oder müssen wir unser Denken von ihm dekolonisieren, wie andere uns erklären?

Die von Kant formulierte und von seinen geistigen Nachkommen wie Cohen, Cassirer und Arendt vertretene Einsicht lautete, dass die Idee eines humanistischen Universalismus sich retten lässt – aber nur, wenn wir sie richtig verstehen. Nicht als essenzialistische, biologische Beschreibung dessen, was wir faktisch *sind*, sondern als moralische *Aufgabe*. Dass wir Menschen, dass wir *menschlich* sind, ist keine simple Tatsache – und kann streng genommen auch gar keine sein. Nein, wir sind imstande, unser Menschsein zu denken, weil – oder *wenn* – wir fähig sind, das Gebot zu befolgen, menschlich zu sein. Dieses Gebot wurde in der Mischna ausgedrückt, in den Sprüchen der

Väter, in einem auf Hebräisch sehr bekannten Ausspruch, der mir seit dem 7. Oktober nicht mehr aus dem Kopf geht: »Wo es keine Menschen gibt, bemühe dich, menschlich zu sein«. Wie bereits Kant (und interessanterweise im Gegensatz zur griechischen Philosophie) wusste auch die deutsch-jüdische Tradition, um die es mir geht, genau, dass das Menschsein dem Menschen keineswegs natürlich ist. Und sie wusste auch, dass man das Menschsein in Zeiten schwerster Prüfungen – wie in der unseren heutzutage – als unnatürlich darstellen kann.

Die vielleicht schwerste solche Prüfung findet sich in der Bibel, in der Geschichte von Sodom und Gomorra im 1. Buch Mose. Gott lässt Abraham wissen, dass er vorhat, die gesamte Stadt Sodom dem Erdboden gleichzumachen, weil sie gesündigt hat. Abrahams Antwort ist bekannt. Er tritt vor und sagt, in der Übersetzung von Buber und Rosenzweig:

Willst du wirklich den Bewährten raffen mit dem Frevler? Vielleicht sind fünfzig Bewährte anwesend drin in der Stadt, willst du die wirklich raffen? Willst dus dem Ort nicht tragen der fünfzig Bewährten wegen in ihrer Mitte? Weitab sei dir nach dieser Rede zu tun, den Bewährten mit dem Frevler zu töten, daß Gleiches dem Bewährten, Gleiches dem Frevler geschehe, weitab sei es dir! Alles Erdlands Richter, wird der nicht das Recht tun?

Abraham antwortete und sprach: Sieh, ich habe es gewagt, zu meinem Herrn zu reden, obwohl ich Staub und Asche bin. Vielleicht fehlen von den fünfzig Gerechten fünf. Willst du wegen der fünf die ganze Stadt verderben? Er sprach: Ich werde sie nicht verderben, wenn ich dort fünfundvierzig finde.

Es ist interessant, dass die jüdische Tradition sich Abrahams nicht nur als Vater erinnert (als Vater Isaaks und des Monotheismus), sondern als eines

Freundes: des Freundes Gottes. Hebron gilt als Stadt Abrahams und ist nach ihm benannt: Ihr hebräischer Name leitet sich von dem Wort Haber ab, das Freund bedeutet. Ihr arabischer Name *Al-Khalil* (oder genauer gesagt: *Khalīl al-Raḥmān*) bedeutet »der Freund« oder »der Freund Gottes«. Diese Freundschaft mit Gott drückt sich in Abrahams Diskussion mit ihm aus (die beiden sprechen, aus Gerechtigkeitsperspektive gesehen, auf Augenhöhe miteinander), und sie ist selbst ein Ausdruck von Abrahams Einsatz für und Bindung an die Menschheit.

In Abrahams Versuch, selbst gegenüber der Macht seines Gottes menschlich zu bleiben, liegt das eigentliche Erbe des ethischen Monotheismus. Es geht in ihm nicht nur darum, die Existenz eines einzig wahren, alle anderen ausschließenden Gottes zu behaupten, sondern darum, die Instanz der Gerechtigkeit universell zu setzen, sodass diese über allem steht, sogar über der Gottheit. Und noch wichtiger ist vielleicht: Angesichts der Zurückweisung aller Macht mit Blick auf das Gebot der Gerechtigkeit hatte kein Mensch der Welt jemals das Recht, irgendjemandem zu gehorchen. Und genau das Wesen, das dieses Recht *nicht* hat, ist absolut maßgeblich.

Unter dem Eindruck des 7. Oktobers stellte David Grossman die Frage: »Wer werden wir sein, wenn wir aus der Asche erstehen?« Er stellte sie auf Hebräisch, in der ersten Person Plural, und das ist auch für mich die natürlichste Weise, sie zu stellen. Aber sie muss anderswo gestellt werden – hier, beispielsweise: Wer werden *wir* sein? Es ist eine offene Frage, und sie wird nicht nur von uns – was immer »uns« hier überhaupt bedeutet – beantwortet werden. Wenn noch irgendein Erbe des universellen Humanismus eine Zukunft hat, dann nur, indem man es wagt, die Antwort gewissermaßen vor die Frage zu stellen. Wir werden nicht die sein, die eine Antwort darauf geben, sondern die, die *von* der Antwort geeint werden – von einer, die heutzutage nur wenige zu geben bereit sind: dass nämlich die einzige Möglichkeit, die

Leben der Menschen auf der einen Seite als unendlich wichtig zu begreifen, darin besteht, die Leben der Menschen auf der anderen Seite als gleichermaßen unendlich wichtig anzusehen. Und dass deshalb jede mögliche Lösung für diese Finsternis politisch sein muss, nicht militärisch – ausgehend vom einzigen Prinzip, das man kontextlos verfechten sollte: Die Würde des Menschen ist unantastbar.

Aus dem Englischen von Jan Schönherr

LEIPZIG

Freundschaft als Schema der Menschenwürde

Die Rede wurde am 20. März 2024 im Leipziger Gewandhaus verlesen, als Dankesrede für den Leipziger Buchpreis zur Europäischen Verständigung, der Boehm für sein Buch Radikaler Universalismus *verliehen wurde. Die Rede von Bundeskanzler Olaf Scholz wurde während der Zeremonie von Demonstrantinnen und Demonstranten unterbrochen, die ihm vorwarfen, dass er die israelischen Aktionen in Gaza unterstütze.*

Ich hatte vor, eine ziemlich lange philosophische Dankesrede zu halten, aber nach der Störung, die wir heute Abend erlebt haben, muss sie noch etwas länger werden. Ich möchte ein Wort zu dem sagen, was gerade passiert ist. Die Rede und die öffentliche Diskussion sind die Träger der Vernunft und des Universalismus. Aber dass offene Rede, Vernunft und Universalismus die Antwort auf die brennenden Ungerechtigkeiten unserer Zeit sind, ist nicht selbstverständlich. Denn manchmal – oft sogar – dienen sie lediglich als Maske, um einen ungerechten Status quo zu bewahren, der geändert werden sollte. Die Demonstrantinnen und Demonstranten haben heute Abend einen schrecklichen Fehler begangen. Aber sie haben versucht, uns etwas über freie Meinungsäußerung zu sagen – und uns ihr Anliegen durch ihre Störung mitgeteilt. Es war und ist notwendig, diese

Störung zu beenden. Aber das wird nicht reichen. Immer noch ist es eine Herausforderung zu zeigen, dass Rede und offene Diskussion die Mittel für die gegenwärtig dringend notwendigen Veränderungen sind – und nicht Mittel, eben diese zu verhindern. In meinem Buch *Radikaler Universalismus* ging es um genau dieses Problem. Um den Universalismus zu verteidigen, sollten wir uns anhören, was die Demonstranten zu sagen haben. Die Antwort, die mein Buch gibt, ist jedoch nicht dieselbe wie ihre, sondern vielmehr ihr Gegenteil.

In der Nacht des 31. Dezember 1785 verließ ein alter jüdischer Mann eilig sein Haus in Berlin, um ein Buchmanuskript zur Veröffentlichung zu bringen. Es war schon am Vorabend fertig geworden, aber es war Freitag, und er musste das Ende des Schabbats abwarten. Seine Frau warnte ihn. Es war zu kalt. Er war zu gebrechlich, um das Haus zu verlassen. Vier Tage später starb er an den Folgen einer Erkältung, die er sich in dieser Nacht zugezogen hatte. Der alte Mann war Moses Mendelssohn, die herausragende Gestalt der deutschen und jüdischen Aufklärung. Das für ihn so dringliche Buch trug den Titel: *An die Freunde Lessings*.

Die Freundschaft zwischen Mendelssohn und Lessing ist nicht nur der Ursprung der tragischen »jüdisch-deutschen Symbiose« – Lessing hat Nathan den Weisen bekanntlich seinem jüdischen Freund nachempfunden –, sondern, nicht minder bedeutsam, der christlich-jüdisch-muslimischen Verständigung: Nathans Ringparabel hat drei Ringe, nicht zwei. Dieses Verständigungsideal ist ein stolzes europäisches, doch Lessing hatte gute Gründe, seinen Ursprung außerhalb des Kontinents zu verorten – *Nathan der Weise* spielt in Jerusalem. Neben Kants bekanntem Essay ist Lessings *Nathan* wohl die kühnste Antwort, die wir auf die Frage kennen: Was ist Aufklärung?

Für Kant ist Aufklärung Menschlichkeit, die sich in der Freiheit, selbst zu denken, ausdrückt. Für Lessing ist sie Menschlichkeit, die sich in der Freiheit zur Freundschaft ausdrückt. An einigen entscheidenden Stellen des Stücks verkündet Nathan: »Kein Mensch muss müssen.« Erst im Lichte dieser Behauptung der Freiheit kommt das bekannte Motto des Stücks zum Leuchten, als Nathan in alle Richtungen ausruft: »Wir müssen, müssen Freunde sein!« Doch in welchem Verhältnis steht die Aufklärung Kants zu der Lessings, das Ideal des Selbstdenkens zu dem der Freundschaft?

Im Jahr 1959 erhielt Hannah Arendt den Lessing-Preis der Stadt Hamburg. Ihre Dankesrede »Von der Menschlichkeit in finsteren Zeiten« könnte auch den Titel *An die Freunde Lessings* tragen. Wenn es normalerweise das Denken erhellt, die Dinge ins Licht des öffentlichen Diskurses zu bringen, so ist eine finstere Zeit für Arendt eine, in der das Licht der Öffentlichkeit das Denken verdunkelt. Das öffentliche Gespräch, die tragende Säule der Aufklärung, begeht Verrat; das Vertrauen in ein gemeinsames menschliches Leben ist zerstört. Aber »Noch in den finstersten Zeiten«, so argumentiert Arendt, »haben wir das Recht, eine gewisse Erleuchtung zu erwarten«, die von dem »flackernden [...] Licht [kommt], das einige [einzigartige] Männer und Frauen [...] unter fast allen Umständen [...] auf die Zeitspanne werfen, die ihnen auf Erden gegeben ist.«

In solch dunklen Momenten suchen wir nach alternativen Säulen. Eine Alternative ist die Brüderlichkeit, *la fraternité* – die bedingungslose Solidarität, die sich unter verfolgten Gruppen durch die Verbundenheit mit der eigenen Identität herausbildet. Arendt zweifelt nicht daran, dass eine solche Bindung oft notwendig ist und Größe hervorbringt; sie betont jedoch, dass sie durch die Reduzierung der Menschheit auf die Identität der »Verfolgten und Versklavten« einen Rückzug ins Private darstellt. Die Solidarität der Brüderlichkeit erstreckt sich nicht darüber hinaus auch auf diejenigen, die in der Lage sind, universell Verantwortung für die Welt zu übernehmen. Außerdem hängt die Logik von Brüderlichkeit und Identität davon ab, was man mit anderen gemeinsam hat, und nicht vom Unterschied zu ihnen. Das ist der Ursprung von Arendts Kritik an der Identitätspolitik im Allgemeinen und an der Politik ihrer eigenen jüdischen Identität, dem Zionismus.

Eine zweite Alternative in dunklen Zeiten ist die Wahrheit. Genauer gesagt, die »selbstevidenten« Wahrheiten, die unabhängig von Zugehörigkeit von allen geteilt werden können und somit als Säule der gemeinsamen Existenz dienen. Doch Arendt weiß sehr wohl, dass der Rückgriff auf die

Wahrheit in dunklen Zeiten fragwürdig geworden ist, da selbstevidente Wahrheiten in modernen Gesellschaften zur Seite geschoben wurden. »Wir dürfen unsere Augen nur nicht schließen«, schreibt sie, »um zu erkennen, daß wir uns in einem wahren Trümmerfeld [...] befinden ... [daß] schließlich die Öffentlichkeit gerade diejenigen ›bekanntesten Wahrheiten‹ als allen ohne weiteres einleuchtend voraussetzt, an die doch insgeheim kaum noch einer glaubt.«

Ich denke, Arendt hat recht. Dass kaum jemand die Aussage »Folgende Wahrheiten erachten wir als selbstverständlich: dass alle Menschen gleich geschaffen sind« heutzutage akzeptiert, ist nahezu offensichtlich; über die *Wahrheit* von »Die Würde des Menschen ist unantastbar« sind die meisten immerhin noch bereit, den Anschein zu wahren. Der Kerngedanke von *Radikaler Universalismus* war es, davor zu warnen, dass ein solcher Posthumanismus nicht nur eine akademische Nuance oder politische Anekdote ist, und unter Berufung auf Kant zu zeigen, dass wir – in der Theorie und in der Praxis – unsere Beziehung zu solchen Wahrheiten wieder aufbauen können. Ziel des Buches war es, Kants Begriff der Menschheit als moralische und nicht als biologische Kategorie zu bewahren und damit die Flut des dunklen Posthumanismus einzudämmen, der die identitäre Linke, die identitäre Rechte und – nicht weniger wichtig – die identitäre Mitte infiziert hat, deren vermeintlicher Gegensatz zur Identität allzu oft auf die Brüderlichkeit der Privilegierten hinausläuft.

Doch Arendt geht in dunklen Zeiten in eine andere Richtung. Sie hält sich nicht an Kant, sondern an Lessing, nämlich an Freundschaft als Alternative zur Wahrheit oder Identität – genauer gesagt, an das Ideal der Freundschaft, das Lessing von Aristoteles übernahm – als öffentliche Angelegenheit zwischen Bürgern und nicht als private, persönliche Sache. Das Hauptmerkmal einer solchen Freundschaft ist (angeblich) ihr Gegensatz zur Wahrheit. Im Namen der Freundschaft und der

Menschlichkeit müsse die Wahrheit beiseitegeschoben werden. »[D]ie dramatische Spannung [von Nathan der Weise]«, so schreibt Arendt, »[liegt] einzig in dem Konflikt [...], in den Freundschaft und Menschlichkeit mit der Wahrheit geraten können. Schließlich und endlich besteht ja die Weisheit des Nathans nur darin, daß er bereit ist, die Wahrheit der Freundschaft zu opfern.« In diesem Opfer liegt nicht nur Nathans Weisheit, sondern auch sein Aufklärungsideal. Dieses vermeintliche Spannungsverhältnis zwischen kalter, universeller Wahrheit – die mal blind, mal fanatisch auftritt – und warmer, toleranter Menschlichkeit ist fast zu einem Axiom geworden. Ich behaupte hier, dass dieses Axiom falsch ist. Universelle Wahrheit, Vernunft und Freundschaft gehen Hand in Hand.

Um zu verstehen, warum, lohnt es sich, zu Aristoteles zurückzukehren. Eine seiner bekanntesten Aussagen lautet: »*Amicus Plato, sed magis amica veritas*«, d. h. »Platon ist mein Freund, aber die

Wahrheit ist ein besserer Freund.« Bei oberflächlicher Betrachtung erinnert man sich paradoxerweise daran, dass der Philosoph der Freundschaft schließlich doch die Wahrheit der Freundschaft vorzog. Doch dieses vorherrschende Verständnis ist falsch. Zum einen bevorzugt Aristoteles nicht die Wahrheit vor der Freundschaft, denn wenn er sich für die Wahrheit entscheidet, dann gerade deshalb, weil sie ein besserer Freund ist. Die Aussage muss im Lichte von Aristoteles' Darstellung der Freundschaft verstanden werden, und wenn man dies tut, stellt sich heraus, dass sie fast das Gegenteil dessen ist, was üblicherweise darunter verstanden wird. Für Aristoteles kann das Ideal wahrer Freundschaft nur in der Beziehung zwischen Tugendhaften erreicht werden, und Tugendhafte dürfen nicht davon ausgehen, dass eine Wahrheitsaussage, die dem anderen widerspricht, persönliches Leid darstellen kann – ganz im Gegenteil. Wenn Aristoteles also darauf aus ist, Platons Formenlehre zu untergraben, indem er sagt: »*Amicus Plato, sed magis amica veritas*«, sagt er dies, weil er Platons Freund sein *muss.*

Und Kant? Es ist bemerkenswert, dass, während das aristotelische Interesse an der Freundschaft in der späteren Philosophie fast verschwand, es Kant war, der Philosoph der Autonomie, der sie als philosophisches Thema wiederentdeckte und es wagte, unsere »Pflicht zur Freundschaft« als »Schema« – so der kantische Fachbegriff – der Behandlung des Menschen als Zweck und nicht als Mittel zu erklären. Insofern dient die Idee der Freundschaft als Brücke zwischen dem abstrakten Begriff, der am Höhepunkt von Kants gesamter Philosophie steht, und der konkreten Erfahrung. Wenn man sich ein Bild davon machen will, was es bedeutet, Menschen als bloße Mittel zu behandeln, dann schaue man auf die Sklaverei. Was es bedeutet, sie als Zweck zu behandeln, dann sehe man sich die Freundschaft an.

Erinnern wir uns, dass Aufklärung für Kant Selbstdenken ist. Allerdings ist Selbstdenken nicht etwas, das man allein tun kann. Er argumentiert, dass wir nicht in der Lage seien, sehr »viel« oder gar »richtig« zu denken, wenn wir nicht »mit anderen«, mit denen wir »kommunizieren«, zusammen denken könnten. Öffentlichkeit ist notwendig für Aufklärung und Vernunft. Doch Kant ist sich bewusst, dass wir unter bestimmten Umständen ganz einfach »gezwungen« sind, wesentliche Teile unserer Urteile zurückzuhalten. Wir würden gern unsere Position über »Regierung, Religion und so weiter« diskutieren, können aber nicht riskieren, sie in der Öffentlichkeit zu teilen. Wenn wir aber einen Freund haben, dem wir vertrauen, können wir uns ihm »eröffnen« und sind »nicht ganz allein« mit unseren Gedanken »wie in einem Gefängnis«. Das Wort »eröffnen« ist das Herzstück der Idee der Freundschaft. Wo sich die Öffentlichkeit verdunkelt und das Licht, das für das Selbstdenken notwendig ist, schwindet, erlaubt uns die Freundschaft, unser Denken zu eröffnen und die transformative Kraft, ja das revolutionäre Potenzial des Selbstdenkens in dunklen Zeiten zu bewahren. C. S. Lewis hat einmal gesagt, dass jede echte Freundschaft »eine Art Sezession – oder gar

Rebellion [...] ein Nest des potenziellen Widerstands« ist, und Kant würde dem zustimmen.

Wir schauen auf die Kibbuzim an der Grenze zu Gaza am 7. Oktober – als ganze Familien abgeschlachtet, Kinder vor den Augen ihrer Eltern ermordet, Frauen systematisch vergewaltigt wurden – und erleben dann den moralischen Bankrott jener angeblichen Radikalen, die dies »bewaffneten Widerstand« nennen. Wir schauen auf die Zerstörung Gazas, die Tötung Tausender Frauen und Kinder, das Verhungern – und erleben dann, wie angebliche liberale Theoretiker eine humanitäre Waffenruhe im Namen der »Selbstverteidigung« monatelang delegitimieren. In der Auseinandersetzung zwischen den Verfechtern der Doktrin des »bewaffneten Widerstands« und der Theorie der »Selbstverteidigung« sehen wir die Öffentlichkeit verdunkelt. Und von Freundschaft zwischen Israelis und Palästinensern zu sprechen erscheint für einen Augenblick mehr als naiv oder »utopisch« – es erscheint fast grotesk.

Aber nein. Es gibt noch jüdisch-palästinensische Freundschaften, und wo sie existieren, bieten die Forderungen, die sie stellen, Licht. Israelische und palästinensische Freunde konnten nicht so tun, als ob das, was am 7. Oktober geschah, in einem Vakuum geschehen wäre, ebenso wie sie wussten, dass es vor allem für stolze Palästinenser beschämend ist, von diesem Massenmord als »bewaffnetem Widerstand« zu sprechen. Meine palästinensischen Freunde wissen, dass jeder, der das, was mein Land in Gaza tut, »Selbstverteidigung« nennt, meine Identität zutiefst beschämt. Israelische und palästinensische Freunde können über das katastrophale Versagen unserer Brüder und Schwestern sprechen, wohl wissend, dass wir, wenn wir unseren Freunden danach nicht mehr ins Gesicht sehen können, auch nicht mehr in den Spiegel sehen können. Freundschaft war immer der Test, der uns vor dem katastrophalen Versagen der Brüderlichkeit und dem grotesken Missbrauch abstrakter Ideen über bewaffneten Widerstand und Selbstverteidigung beschützt hat.

Im Jahr 2010 hielt Ahmad Tibi, ein palästinensisch-israelischer Abgeordneter der Knesset, eine Holocaust-Gedenkrede. »Dies ist der Ort und die Zeit, um die Schreie all derer herauszuschreien, die [...] darum ringen, sich von der Last der Szenen des Todes und des Grauens zu befreien.« Und er fuhr fort: »An diesem Tag muss man alle politischen Identitäten von sich abstreifen« und »nur ein Gewand tragen: das Gewand der Menschlichkeit.« Dieses Gewand der Menschlichkeit ist kein abstrakter Humanismus, sondern ein Humanismus, der sich als Freundschaftserklärung eines palästinensischen *Repräsentanten* äußert, der, wie Tibi sagte, »im selben Land, auf demselben Land« mit Juden zusammenlebt. Diese Freundschaftserklärung war radikal, eine echte Provokation in Israel, denn Freundschaft setzt Gleichheit voraus. Aber niemand kann guten Glaubens annehmen, dass die durch eine solche Freundschaft repräsentierten Menschen Verständnis für den gewalttätigen Unsinn der angeblichen Radikalen der »globalen Linken« hatten. Was die jüdische Seite betrifft, so muss ich an die Worte des jungen Amos Oz denken: »Gegen die Idee, die Palästinenser zu vertreiben und hinauszujagen, die hier hinterlistig als ›Umsiedlung‹ bezeichnet wird [...], müssen wir uns erheben und einfach und klar sagen: Das ist eine unmögliche Idee. Wir werden euch nicht erlauben, die Palästinenser zu vertreiben [...]. Israels Rechte muss wissen, dass es Taten gibt, die in Angriff zu nehmen zur Teilung des Staates führen wird.« Dies wurde gesagt, bevor wir uns vorstellen konnten, dass die Menschen, an die sich Oz wendet, jemals eine wichtige Kraft in der Regierung sein würden, und deshalb darf es heute nicht vergessen werden. Sein Gebrauch von »wir« und »euch« in diesem Absatz sagt alles: Die Taten, die »wir« »euch« nicht erlauben werden, sind diejenigen, die die jüdische Brüderlichkeit zerbrechen werden. Wenn wir Oz' Aussage nicht wiederholen, wenn wir auf Gaza schauen, wissend, dass Vertreibung alles andere als unmöglich ist, werden wir nicht in der Lage sein, unseren palästinensischen Freunden ins Gesicht zu schauen.

Und was ist mit der deutsch-jüdischen Freundschaft? Da, wo sie besteht, ist sie ein wahres Wunder, eines, das mir besonders am Herzen liegt. Aber dieses Wunder muss jetzt vor Entwertung geschützt werden. Es kann keine deutsch-jüdische Freundschaft geben, wenn sie in diesen dunklen Zeiten keinen Platz für die schwierigen Wahrheiten hat, die im Namen der jüdisch-palästinensischen Freundschaft gesagt werden müssen. Jede andere Vorstellung würde Mendelssohns und Lessings Modell beschämen. Nathans Ringparabel hat drei Ringe, nicht zwei, und auch für uns wird es nicht weniger als drei Ringe geben. Wegen der Freundschaft muss die Wahrheit nicht geopfert werden, ganz im Gegenteil, harte Wahrheiten müssen offen ausgesprochen werden, denn wir sollen Freunde bleiben.

Aus dem Englischen von Steffi Reitmajer

Nach dem Vortrag erfuhr ich, dass Hannah Arendt am 25. November 1945 an den damaligen Herausgeber des *Menorah Journal* schrieb und ihn bat, den Band mit ihrem Text *Zionism reconsidered* an einige Freunde zu schicken. Dann fügt sie hinzu: »Ich habe Angst vor meinen zionistischen Freunden, das ist die Wahrheit und keine mutige Wahrheit. Aber sie sind die Art von Menschen, die ich nie verletzen wollte. Es ist die alte Geschichte von amicus Plato, amicus Socrates sed magis estimanda veritas. Brrrr Punkt!«[2] Meine kurze Interpretation dieser Aussage von Arendt (und ich habe meine eigene Verwendung und Neuinterpretation von *Zionism Reconsidered* und *To Save the Jewish Homeland* in meinem Buch *Haifa Republic* dargelegt) ist, dass auch Arendt – wie Aristoteles zu Plato – der Freund der Zionisten sein muss, sein muss. Diese Freundschaft sollte als Alternative sowohl zum

2 Ich danke Marie Luise Knott für diesen Hinweis.

Ideal der »Ahavat Israel« (Liebe zu Israel) gesehen werden, das unter zionistischen Denkern vorherrscht und von Arendt bekanntermaßen abgelehnt wird, als auch zum Antizionismus.

WIEN

Europa und seine Opfer. Jenseits des Mythos der nationalen Souveränität

Der folgende Text wurde auf Einladung des Instituts für die Wissenschaften vom Menschen und der Wiener Festwochen als »Rede an Europa 2024« auf dem Wiener Judenplatz vorgetragen. Die Veranstaltung fand unter Störungen von Protestlern und einem starken Aufgebot von Polizei und Verfassungsschutz statt.

Als ich eingeladen wurde, hier auf dem Judenplatz diese »Rede an Europa« zu halten, sagte ich auch aus einem persönlichen Grund erfreut zu. Dieser Grund liegt in meiner Familiengeschichte. Mein Sohn und meine Frau haben erst kürzlich die österreichische Staatsbürgerschaft erhalten, und zwar deshalb, weil die Familie meiner Frau aus Österreich geflohen war – oder zumindest einige ihrer Angehörigen, darunter die Großmutter meiner Frau, Malita (Miriam) Schertzer. Sie entkam 1938 aus Wien nach Palästina, mithilfe derselben Kinder- und Jugend-Alija-Organisation, mit der es meine Großmutter aus Deutschland heraus geschafft hatte. Für uns war diese »Rede an Europa« somit zugleich mit einem privaten Besuch von Miriams Stadt verbunden – und von ihrer Schule, dem Brigittenauer Gymnasium, heute das Gymnasium am Augarten, wo sich eine bekannte Gedenkstätte zur Erinnerung an Miriams jüdische Klassenkameradinnen befindet, die nicht geflohen waren und letztlich nach Auschwitz deportiert wurden. Auch Miriams Eltern wurden von Wien nach Dachau und Auschwitz verbracht und überlebten – um sich schließlich in Israel wieder mit ihrer Tochter zu vereinen. Ich erinnere mich noch an meine Begegnungen mit Miriam, die ich mit meinem Deutsch zu beeindrucken versuchte und mit Geschichten über das Europa, in das sie nie wieder zurückgekehrt ist. Wie schüchtern, überrascht und glücklich sie war, diese ältere Dame aus dem kleinen Moschaw in Israel, die ihr Leben als Malita in Wien begonnen hatte.

Lange vor den ersten Gerüchten über eine Kontroverse um diese Rede wusste ich, dass wir nicht nur mit einem Verständnis, sondern mit einem sehr persönlichen Wissen von der Bedeutung dieses Platzes hierherkamen – und mit dem sehr unmittelbaren Gefühl, dass unerträgliche persönliche Erinnerungen hier über einen immensen öffentlichen Stellenwert verfügen. Wir wissen so gut wie jeder andere, wie tief dieser Ort, der Judenplatz, in dieser Stadt, in diesem Kontinent verwurzelt ist, und wir wissen auch so gut wie jeder andere, dass die Wurzeln dieses Platzes bis in unser eigenes Land, Israel, reichen. Das ist auch der Grund, warum ich mich weigere, diesen Platz zu entehren – nicht durch irgendetwas, was ich sagen werde oder hätte sagen können, und noch weniger dadurch, dass ich auf die Versuche reagiere, eine Diskussion, die sich durch Gehalt, Argumente und respektvolle Meinungsunterschiede auszeichnen sollte, in einen künstlichen Skandal zu verwandeln.

Es ist von großer Bedeutung, dass Lessings Statue hier vor mir auf dem Judenplatz steht und mich ansieht, uns alle ebenso ansieht wie das Mahnmal gleich hinter mir. Mendelssohns Freund Lessing war es, der den wesentlichen Zusammenhang zwischen Aufklärung und Freundschaft herstellte. Die liberaldemokratischen Freunde des Judenplatzes und Europas diskutieren ihre Unstimmigkeiten, die Bedenken und Sorgen, die sie womöglich haben, in aller Freundschaft. Die Vernunft geht Hand in Hand mit Freundschaft; Populismus und Nationalismus dagegen – mit Eiern und Geschrei.

Man täusche sich nicht: Eier sollen demütigen, deshalb sind sie gefährlich. Sich für Ersteres, die Vernunft, statt für Letzteres zu entscheiden heißt, das Geschrei auf sich beruhen zu lassen, jenen die Hand zu reichen, die diese Rede kritisiert und zu stören versucht haben, statt gegen sie zu protestieren, und weiterzumachen.

* * *

»Ihr seid mehr als eure Mythen.«

Als Timothy Snyder 2019 die erste »Rede an Europa« hielt, wählte er diese Botschaft zum Motto. »Ihr seid mehr als eure Mythen.«

Ich möchte mich dieser Botschaft anschließen, zugleich aber auch fragen, was es für Europa bedeutet, mehr zu sein als ein Mythos.

Ein Ansatz, darüber nachzudenken, besteht darin zu sagen, dass Europa den Mythos mit der Geschichte konfrontieren muss. So lautete Snyders Vorschlag: Wenn Europa seine Rolle als Symbol der Hoffnung weiterhin spielen wolle – und es *ist* ein Symbol der Hoffnung –, dann müssten sich die Europäer für die Geschichte als das Gegenteil des Mythos entscheiden. Es gibt nun zwei Möglichkeiten des Erinnerns, behauptete Snyder: eine durch die Mythen, die »euch auf euch selbst zurück[führen], zu einer Erzählung darüber, dass ihr immer recht hattet« – weshalb Mythen immer national sind, um nicht zu sagen nationalistisch. Die andere Art des Erinnerns hingegen sei die Geschichte, die es einem erlaube, »das, was man selbst erinnert, zu nehmen und es dem hinzuzufügen, was andere erinnern, es konstant und kritisch anderen Quellen und anderen Perspektiven beizustellen, damit man erkennt, wofür man selbst verantwortlich ist«. Wofür man selbst verantwortlich ist als zerfallendes Imperium.

Ich stimme Snyder zu, dass Europa mehr sein muss als seine Mythen, stimme ihm auch zu, dass die Geschichte wichtig, ja unverzichtbar ist. Aber sie genügt nicht. Um mehr als seine Mythen zu sein, muss Europa auf der Realität seiner Ideale bestehen. Denn in Wirklichkeit ist nicht die Geschichte das Gegenteil des Mythos. Die Vernunft ist es – wenn sie die Autorität ihrer eigenen Ideale ernst nehmen kann. Und die Autorität der Geschichte, selbst jener Art von Geschichte, die uns unsere Verantwortung für die Vergangenheit zu erkennen gibt, dient manchmal dazu, unsere Ideale zu untergraben.

Man kann das noch anders formulieren: Wir sollten die Geschichte respektieren, weil wir bestimmten Idealen verpflichtet sind. Doch wenn wir die Ideale selbst aufgrund unserer Verpflichtung auf die Geschichte respektieren, dann droht diese Verpflichtung, unsere Ideale in Mythen zu verwandeln – nationale Mythen. Mit dieser Bedrohung ist Europa heute konfrontiert. Die europäische Politik ist mit ihr konfrontiert, und das europäische Geistesleben ist mit ihr konfrontiert, da die populistische Rechte auf dem Vormarsch ist und die historische Verantwortung missbraucht. Diese Herausforderung muss nun angegangen werden. Nicht indem man die Autorität der Geschichte leugnet, sondern indem man sie schützt – und zwar dadurch schützt, dass man auf die Realität der Ideale pocht.

Darüber werde ich im Folgenden sprechen. Aber ich muss am Anfang beginnen.

Als die Vereinigten Staaten ihre Verbindung mit Europa kappten und ihre Unabhängigkeit von der europäischen Souveränität erklärten, taten sie dies, indem sie sich auf die Autorität der Wahrheit beriefen, nicht auf die der Geschichte: »Folgende Wahrheiten erachten wir als selbstverständlich: daß alle Menschen gleich geschaffen sind; daß sie von ihrem Schöpfer mit gewissen unveräußerlichen Rechten ausgestattet sind; daß dazu Leben, Freiheit und das Streben nach Glück gehören …«

Können wir heute noch an der Autorität dieser selbstverständlichen Wahrheiten festhalten, wie sie die amerikanische Unabhängigkeitserklärung verkündet hat? Mir scheint, dass viele Zeitgenossen, von postkolonialen Kritikern bis zu gemäßigten liberalen Theoretikern, in Wirklichkeit dazu neigen, diese Feststellung abzulehnen.

Am einen Ende des Spektrums wenden die Kritikerinnen ein, dass die Gründerväter selbst Sklavenhalter waren. Dass der Passus »daß alle Menschen (*men*) gleich geschaffen sind« buchstäblich Männer (*men*) meint, und zwar ausschließlich weiße. Dass der Universalismus der Aufklärung, wie er sich in diesem berühmten Satz äußert, bestenfalls eine Maske ist, die es europäischen Männern erlaubt, andere zu diskriminieren und sich dabei gleichzeitig selbst dafür zu gratulieren, dass man an universalistischen Idealen festhalte. Und schlimmstenfalls: dass diese Ideale in Wirklichkeit die Ideologie sind, die die Europäer dazu bringt, andere zu diskriminieren, auszulöschen und zu versklaven.

Die Argumentation geht so: Die kosmopolitische Tradition, die den Menschen oder die Menschheit zum Maß aller Dinge – dem Ursprung aller Werte – macht, ist nicht von der Tradition zu unterscheiden, die den Menschen zum »Herrn und Besitzer der Natur« macht. Und weil das so ist, endet die kosmopolitische Tradition, die mit der Theorie von der menschlichen Würde beginnt, in der Praxis als die Geschichte, die die Europäer zu Kolonisatoren ganzer Kontinente gemacht hat, zu Ausbeutern der Natur (die heute ihren Tod herbeiführen) und zu Haltern anderer Menschen als Sklaven. Die Unabhängigkeitserklärung verkündet keine selbstverständlichen Wahrheiten, sondern einen Mythos, weil sie die Geschichte ist, die uns die nationale Illusion verkauft, dass »wir immer recht hatten«.

Am anderen Ende des Spektrums, unter den liberalen Denkern der politischen Mitte, tun viele so, als würden sie über die Ablehnung des europäischen Universalismus der Aufklärung den Kopf schütteln. Tatsächlich aber besteht das liberale Denken der Nachkriegszeit aus einer sehr ähnlichen Ablehnung. Wenn John Rawls, der Vater des amerikanischen Liberalismus, sagt, Gerechtigkeit sei »politisch, nicht metaphysisch«, dann meint er genau das: Selbstverständliche Wahrheiten wie die in der Unabhängigkeitserklärung verkündeten können in modernen demokratischen Gesellschaften keine Autorität beanspruchen.

Die »Wahrheit einer unabhängigen metaphysischen und moralischen Ordnung«, behauptet Rawls, kann »in einer demokratischen Gesellschaft keine brauchbare gemeinsame Basis für eine politische Gerechtigkeitskonzeption bereitstellen«. Das ist eine dramatische Absage an die Unabhängigkeitserklärung: Ihre selbstverständlichen Wahrheiten sollen wie eine Religion behandelt werden – sie sollen toleriert, als privater Glaube von Menschen respektiert, *nicht* jedoch als Grundlage des Rechts anerkannt werden. Es ist deshalb nicht nur die postkoloniale oder identitäre Linke, die das universalistische Ideal der europäischen Aufklärung ablehnt; tatsächlich herrscht zwischen der Linken und der liberalen Mitte breite Übereinstimmung in Bezug auf diese Zurückweisung. Dass darin auch die wachsende identitäre populistische Rechte einstimmt, bedarf keiner großen Diskussion.

Ich habe bewusst Fragen angesprochen, die 1776 aus Amerika importiert wurden, weil es leichter ist, so zu tun, als lägen sie uns fern. Jetzt aber möchte ich sie zurück ins Zentrum der zeitgenössischen europäischen Realität bringen. Während die Amerikaner den in der Unabhängigkeitserklärung verkündeten selbstverständlichen Wahrheiten nie irgendeine rechtliche Bedeutung verschafften – sie also nie in die Verfassung aufnahmen –, ging Europa nach dem Zweiten Weltkrieg diesen Schritt, und zwar mit der folgenden Feststellung:

»Die Würde des Menschen ist unantastbar.«

Das ist natürlich der erste Satz des deutschen Grundgesetzes, aber er ist mehr als das. Genau derselbe Satz ist auch der erste Artikel der allgemeinen Erklärung der Menschenrechte durch die UN, das Vorbild vieler europäischen Nachkriegsverfassungen. (Wenngleich nicht der österreichischen! Nicht für Hans Kelsen ... Obwohl, wenn man mich fragt, es nie zu spät ist.) Die Behauptung, die Würde des Menschen sei »unantastbar«, als Ursprung des Rechts, postuliert ein Ideal des aufgeklärten Universalismus, das für unsere Zwecke mit den selbstverständlichen Wahrheiten der amerikanischen Unabhängigkeitserklärung identisch ist. Sie versichert, dass die Würde des Menschen unabdingbar ist und dass die Autorität des Gesetzes von ihr abhängt. Das rückt die universalistische oder kosmopolitische Tradition sehr viel näher an eine radikale, abolitionistische Demokratie heran, als gewöhnlich anerkannt wird, doch übergehe ich diesen Umstand hier und stelle stattdessen zwei Fragen:

Erstens: Ist dieser Grundsatz, der das Ideal des aufgeklärten Universalismus zum Ausdruck bringt, in Wirklichkeit ein Ausdruck des europäischen Rassismus und Kolonialismus? Sollten wir das Ideal der menschlichen Würde als Antwort auf Europas gewaltige Verbrechen in seiner imperialen Zeit – von den Verbrechen des Holocaust bis zu denen des Kolonialismus – verteidigen und neu in Kraft setzen? Oder ist ein solcher Humanismus faktisch die Ursache dieser Verbrechen? Muss das deutsche Grundgesetz, wie die Charta der Grundrechte der Europäischen Union und die Allgemeine Menschenrechtserklärung der UN, »entkolonialisiert« werden?

Zweitens: Wenn wir an diesem Grundsatz festhalten, halten die liberalen europäischen Denker dann *wirklich* an ihm fest – und mit wirklich meine ich: selbst wenn dieser Grundsatz ihren Interessen, ihrer Identität, ihren tiefsten Verpflichtungen widerspricht? Oder markiert der Wunsch, unsere Verpflichtung auf die menschliche Würde mit unserer historischen Verantwortung zu begründen, auch die Grenzen dieses Ideals – und droht damit, es in einen Mythos zu verwandeln?

Ich möchte mit Bedacht an diese Frage herangehen.

Schauen wir uns diesen Satz noch einmal an: *Die Würde des Menschen ist unantastbar.* Auf den ersten Blick wirkt er weniger wie ein Mythos als wie eine klare Falschaussage. Die menschliche Würde ist antastbar, und sie wird angetastet, während wir hier stehen. Wenn es aber keine falsche Aussage ist, so ist das, was ihr diesen Anschein gibt, zugleich das, was sie so poetisch, ja prophetisch macht. Eine der größten Innovationen der biblischen hebräischen Propheten war vielleicht eine stilistische (und auch, wenn ich abzuschweifen scheine, tue ich das nicht): Sie pflegten das Tatsachenwidrige, selbst das Unmögliche so zu formulieren, als sei es faktisch wahr.

Diese stilistische Neuerung hing ganz und gar mit ihrer humanistischen Entdeckung zusammen. Eine Feststellung, die etwas beschreibend behauptet, was bestenfalls eine Vorschrift sein kann (»die menschliche Würde ist unantastbar«), nicht als ein Gebot, sondern als eine Wahrheit, ist streng genommen entweder falsch, oder sie schwingt sich dazu auf, eine höhere Realität zu beschreiben. Wenn man das versteht, versteht man etwas sehr Tiefes an den hebräischen Propheten, an Platon und an Kant, etwas, was dem lakonischen Satz »die menschliche Würde ist unantastbar« die Ästhetik des Erhabenen verleiht. Das Wesen, das fähig ist, diese Feststellung zu treffen – und das Gefühl zu erleben, welches seine poetische Geste auslöst –, verfügt über Würde und gebietet Achtung. Allerdings könnte man meinen, dass das, was wir mitunter Realität nennen – die Realität, in der wir Milch im Supermarkt kaufen, in der jüdische Familien an der Grenze zu Gaza massakriert und verbrannt werden, in der eine ganze palästinensische Bevölkerung dem Hunger ausgesetzt und bombardiert wird –, dass diese Realität dieses Ideal zu einem Mythos macht und seine Poetik zu populistischem Kitsch. Für welche Lesart wir uns entscheiden, hängt von uns ab.

Nun könnten wir uns fragen: Wenn das Ideal der menschlichen Würde Geltung hat, dann wodurch? Diese Frage will ich hier nicht behandeln, sondern stattdessen fragen, wodurch es *keine* Geltung erhalten kann. Wenn die Idee, dass die menschliche Würde unantastbar ist, in der Entscheidung von Europäern, Deutschen, Italienern oder Österreichern, nach diesem Grundsatz zu leben, begründet ist, dann erklärt das genau, warum die menschliche Würde sehr wohl angetastet werden kann. Ein bedingungsloser Anspruch kann nicht von irgendjemandes Entscheidung abhängen: Schön und gut, dass sich das deutsche Volk entschieden hat, die menschliche Würde als unantastbar zu behandeln; aber wir wissen, dass es sich auch anders entscheiden kann.

Diese Einsicht bringt uns zu einem wichtigen Punkt: dass der Grundsatz der unantastbaren menschlichen Würde nicht von nationaler Souveränität abhängen kann, von der Entscheidung oder dem Willen eines Volkes. Im Gegenteil: Die Menschenwürde markiert die Grenze der nationalen Souveränität. Dieser Punkt ist wichtig, weil er die Kontinuität zwischen der abstrakten Rede von Würde und zwei sehr konkreten europäischen Tendenzen zeigt.

Die erste dieser beiden Tendenzen besteht darin, dass Staaten ihre Souveränität aus eigenem Vorrecht selbst beschränken – indem sie beispielsweise föderativen Konstellationen beitreten oder sich dem Völkerrecht bzw. internationalen und europäischen Gerichtshöfen unterwerfen. Im Einklang mit der Anerkennung der Menschenwürde ist Europa vom nationalen über das internationale zum kosmopolitischen Recht übergegangen – das heißt von einer Form von Recht, die letztlich auf der nationalen Souveränität der Staaten beruht, über eine Form von Recht, die diese respektiert, zu einer Form, die sie infrage stellt.

Die zweite Tendenz besteht im Verfassungspatriotismus, worunter ich hier eine sehr weit gefasste Idee verstehe: die Anerkennung der Tatsache, dass die Zugehörigkeit zu einer souveränen Nation weder das richtige Blut noch die richtige Sprache, Geschichte oder Kultur erfordert: Man gehört zum deutschen, österreichischen oder italienischen Volk aufgrund der Tatsache, dass man die deutsche oder italienische oder österreichische Staatsbürgerschaft besitzt.

Als Timothy Snyder 2019 hier stand und Europa dazu aufrief, mehr zu sein als seine Mythen, warnte er die Europäer: »eure kleinen unplausiblen nationalen Mythen erlauben euch nicht die Einsicht«, was so einzigartig an Europa ist, nämlich »dass die Europäische Union die *eine* erfolgreiche Antwort auf die allerwichtigste Frage in der Geschichte der modernen Welt ist«. Diese Frage lautet: »Was ist nach Imperien zu tun? Wie umgehen mit Imperien?«

Es gibt, sagte Snyder, zwei schlechte Antworten auf sie: Nationalstaaten schaffen oder noch mehr Imperium. »Die Europäische Union ist die einzige neue fruchtbare und produktive Antwort auf diese Frage.« Ich wiederhole dies, weil die Achtung der Menschenwürde durch eine Einschränkung der nationalen Souveränität und die Ersetzung der Nation durch einen starken Begriff von Staatsbürgerschaft die beiden wesentlichen innovativen Bestandteile von Europas Antwort auf diese gewaltige Frage sind.

Diese Antwort löste das Hobbes'sche und Schmitt'sche Festhalten an einem souveränen Leviathan als Antwort auf den »Krieg aller gegen alle« ab. Und sie beteuerte, dass *Würde* und nicht *Furcht* die Grundlage eines menschlichen Gemeinwesens bilden müsse. Um die Würde durch Rechtsstaatlichkeit zu schützen, muss die Souveränität infrage gestellt, kritisiert, sogar dekonstruiert werden – statt sie durch souveräne nationale Leviathane zu behaupten. Als Hobbes vom Leviathan sprach, jenem Symbol eines mächtigen mythischen Monsters, wusste er, warum: weil Souveränität auf die Idolisierung des Mythos angewiesen ist. Nebenbei bemerkt: Die wichtigste Erbschaft des jüdischen Denkens auf diesem Kontinent, der ethische Monotheismus, war immer an die Kritik des Mythos und seiner Idolisierung gebunden: Es lohnt sich, hier an eine Tradition zu erinnern, die in Europa vor dem Krieg lebendig war, vor dem Zusammenbruch des Imperiums, und gegen den Mythos von der Souveränität anarbeitete, im Werk von Cohen, Cassirer, Buber und Arendt.

Man beachte jedoch: Während hierin der wesentliche Ausdruck von Europas erfolgreicher Antwort auf seine Vergangenheit liegt – die »allerwichtigste Frage der modernen Welt« –, nämlich die Ablösung nationaler mythischer Leviathane, machten sich die europäischen Denker tatsächlich *das ge-*

naue Gegenteil dieser Grundsätze zu eigen, sofern Europa nach außen blickte: auf die Opfer seines Imperiums.

Wenn das zerfallende europäische Imperium schließlich gelernt hat, die Souveränität infrage zu stellen, lautete seine Idee für die kolonisierten Länder gleichzeitig, Souveränität sei das Instrument ihrer Befreiung. Aus dem gleichen Grund entstand nach dem Holocaust und der systematischen Vernichtung des europäischen Judentums die Idee, dass die Juden sich selbst verteidigen und ihre Würde als Volk durch nationale Souveränität wiederherstellen müssten – durch die Schaffung eines jüdischen Staates.

Und wir müssen uns darüber im Klaren sein: An diesem Punkt der Geschichte hatten sie nicht unrecht.

Auf Europas Opfer bezogen, kann Europas Antwort wie der intellektuelle Ballast des Imperiums wirken oder wie die Überreste einer kolonialistischen Ideologie, die sich auch nach dem Ende des Imperiums weiter zur Geltung bringen will. Gilt Europas erfolgreiche Antwort auf die Vergangenheit des Imperiums auch für die historischen Opfer des Imperiums?

Und hier stellt sich eine weitere Frage: Kann Europas Antwort auf seine Vergangenheit Bestand haben, wenn wir ihr widersprechen, sofern seine Opfer betroffen sind? Wenn wir anerkennen, dass andere das Recht haben, die menschliche Würde zu verletzen, dann erkennen wir auch unsere Pflicht an, ihr diesbezügliches Recht zu respektieren. Dann ist die Menschenwürde für uns wichtig, aber nicht unantastbar. Das ist der entscheidende Punkt; sobald man *das* in Bezug auf die *Außenwelt* anerkennt, erkennt man auch intern etwas an – dann kann man auch auf dem Kontinent schlichtweg nicht die Unantastbarkeit der menschlichen Würde behaupten. Um Snyder zu variieren: Das ist die wichtigste Frage bezüglich der Antwort, die auf die wichtigste Frage der modernen Geschichte gegeben wurde.

Postkolonialen Denkerinnen erscheint die Einschränkung befreiter Nationen durch die kosmopolitische Idee der Menschlichkeit als eine Form von Neokolonialismus: Man zwingt Europas Antworten seinen Opfern auf und verhindert ihre Emanzipation. Wenn es um den Holocaust geht, kommt genau derselbe Einwand: Wer vorschlägt, eine israelische Verfassung solle nicht mit der Souveränität des jüdischen Volkes beginnen, sondern mit einer Verpflichtung auf die menschliche Würde, wird des Antisemitismus bezichtigt, weil er angeblich europäische kosmopolitische Ideale ins Feld führt, um die jüdische Souveränität sowie den jüdischen und demokratischen Staat infrage zu stellen.[3]

3 An diesem Punkt rief ein Demonstrant mit einem Protestschild gegen diesen Vortrag: »It's written there, by the way!« Ich war erfreut, das zu hören, vor allem weil es zeigte, dass einige Demonstranten oder

Einer Seite erscheint eine universalistische Politik folglich als Rassismus oder Kolonialismus; der anderen als Antisemitismus. Und da alle Seiten hier Souveränität als die Nullsummenspiel-Bedingung ihrer schieren Existenz betrachten, sind diese Leh-

---

zumindest einer aufmerksam zuhörten. In diesem Fall war der Einwand einer, dem viele zustimmen würden: Israel hat sehr wohl ein Grundgesetz »Menschenwürde und Freiheit«. Ich konnte die Rede nicht unterbrechen, um hierauf einzugehen. Tatsächlich beweist Israels Grundgesetz »Menschenwürde und Freiheit« aber gerade meinen Punkt, denn es ordnet dieses Gesetz ausdrücklich der Verteidigung des jüdischen und demokratischen Staates unter – und verhindert damit eine naheliegende Interpretation des Gesetzes als Forderung, der Staat solle der Staat »all seiner Bürger und Bürgerinnen« sein, eine Forderung, die in Israel verfassungswidrig ist. Aus denselben Gründen verzichtet das Gesetz auch darauf, Gleichheit als notwendige Voraussetzung für Würde zu benennen. Man stelle sich eine israelische Verfassung vor, die mit der Menschenwürde beginnen würde, statt sie der jüdischen Souveränität unterzuordnen.

ren heute nicht nur miteinander in Konflikt, sondern auf Kollisionskurs: Nicht weil sich beide Seiten so sehr voneinander unterscheiden, ist die Situation so gewaltsam und die Debatte so hitzig, sondern weil sie sich so ähnlich sind.

Für viele Linke und besonders postkoloniale Linke ist das palästinensische Volk die ultimative Verkörperung des Kampfes gegen den europäischen Kolonialismus. Wer auch immer sein Recht auf bewaffneten Widerstand infrage stellt, indem er zum Beispiel den Angriff der Hamas auf Zivilisten verurteilt, »relativiert« oder »kontextualisiert« den Kolonialismus. Welches Recht haben Europäer, so das Argument, die Anwendung von Gewalt seitens derjenigen zu kritisieren, die von vornherein keinen rechtlichen Schutz genießen?

Auf der anderen Seite sehen wir in Deutschland, aber nicht nur in Deutschland, die gleiche, wenn auch entgegengesetzte Idee: dass die Juden, die der Staat Israel repräsentiert, das menschliche Leiden und das Recht auf Selbstverteidigung verkörpern. Wer auch immer fordert, dass sich das Land eine neutrale, liberaldemokratische Verfassung gibt – die einen Staat für alle Bürger geltend macht – und gegenüber dem Völkerrecht verantwortlich ist, relativiert faktisch das jüdische Recht auf Selbstverteidigung. Während Europas Antwort auf sein zerfallendes Imperium darin lag, seine Souveränität zu dekonstruieren, indem es sie durch die Würde begrenzte, lag die Antwort der Opfer darin, ihre nationale Souveränität für unantastbar zu erklären. Jede Seite beansprucht, etwas Ultimatives, Absolutes zu verkörpern, das die menschliche Würde derjenigen relativiert, die zur anderen Gruppe gehören.

Das wurde in den Reaktionen linksintellektueller Kreise auf das systematische sadistische Massaker an ganzen Familien, auf Vergewaltigungen und Verbrennungen deutlich. Es ist nicht zu übersehen: Die Tendenz an den Universitäten reichte von Hochgefühlen angesichts dieser Schreckenstat bis dazu, sie zu tolerieren – oder zumindest darauf zu bestehen, dass die Palästinenser das Recht auf »bewaffneten Widerstand« gegen ihre »Kolonisatoren« haben. Wenn man dem entgegenhielt, dass das bestenfalls auf die Entschuldigung eines völkermörderischen Antisemitismus und schlimmstenfalls auf seine Unterstützung hinauslief, dann lautete die übliche Antwort, die Hamas sei keine antisemitische Organisation, weil der Angriff Israelis galt, nicht Juden an sich. Aber die Charta der Hamas von 1988 stellt klipp und klar fest: »Das Jüngste Gericht wird nicht kommen, bis die Muslime gegen die Juden kämpfen. Die Muslime werden sie töten, bis sich der Jude hinter Stein und Baum verbirgt und Stein und Baum dann sagen: ›Muslim, o Diener Gottes! Da ist ein Jude hinter mir. Komm und töte ihn.‹«

Es gab einmal die Tendenz, diese Klausel zu ignorieren oder zu behaupten, die Hamas habe sie aufgegeben. Höchstwahrscheinlich aber hatten diejenigen, die das Massaker verübten, exakt diese

Worte im Kopf. Am 7. Oktober schienen nicht wenige von ihnen genau das geglaubt zu haben: dass das Jüngste Gericht gekommen war. Das zu dulden, ist weit verbreitet, und es ist wichtig festzuhalten, dass diese Duldung just aus dem Gedanken der Souveränität des Kolonisierten hervorgeht. Dieselben Leute – ob Studierende oder Lehrende –, die das Massaker entschuldigten, skandieren heute »From the river to the sea, Palestine will be free«. Man mache sich keine Illusionen: Mit »frei« meinen sie nicht »demokratisch für alle«, sondern »frei von Juden«. Oder um genauer zu sein, enthalten sie sich des Urteils, um die vermeintlich neokoloniale Annahme zu vermeiden, sie hätten das Recht, für die Palästinenser zu entscheiden.

Die nationale Souveränität wird als unantastbares Instrument der Befreiung behandelt. Wie Yanis Varoufakis es formulierte: »Ich wurde gefragt, ob ich die Hamas verurteile, und sagte Nein. Aber ich verurteile jegliche Gewalt gegen Zivilisten. Und ich verurteile auch nicht die israelischen Siedler. Auch nicht Benjamin Netanjahu. Ich verurteile uns Europäer.« Wenn man mich fragt, ist das kein Weg, um als Europäer historische Verantwortung zu übernehmen, sondern um sich hinter ihr zu verstecken, um sie zum Gespött zu machen.

Am anderen Ende des Spektrums wird mit genau derselben Logik operiert. Am deutlichsten sieht man das an der verhängnisvollen Tendenz einer gewissen liberalen europäischen Mitte, den Holocaust als einen »universellen« Signifikanten zu behandeln. In den Worten eines Autors ist das Gedenken an den Holocaust in die »universelle« oder »kosmopolitische« Erinnerung eingegangen. Aus dieser Sicht ist er zum Symbol nicht eines spezifischen vergangenen Horrors geworden, sondern jeder systematischen Verletzung der Menschenrechte. Damit sei der Holocaust auch nicht mehr das exklusive Eigentum jener nationalen Gruppen, die unmittelbar an dem historischen Ereignis beteiligt waren – der Juden auf der einen Seite, der

Deutschen und allgemeiner der Europäer auf der anderen; vielmehr spiele das Holocaust-Gedenken eine entscheidende Rolle für die Stärkung von Völkerrecht und Menschenrechten und verwandle sich in ein »potenzielles Symbol globaler Solidarität«.

Auf den ersten Blick klingt das vielleicht nach einer wohlmeinenden These über die universalistischen Verpflichtungen, zu denen uns die Erinnerung oder die Geschichte aufrufen. Bei näherer Betrachtung sollte aber klar sein, dass diese These dem Universalismus einen so schlechten Ruf eingetragen hat, weil sie den Universalismus oder die Erinnerung als koloniales Projekt darstellt. Die Art und Weise, wie des Holocausts gedacht wird, steht im Dienste besonderer nationaler Projekte. Damit schließt dieses »universelle« Symbol all jene von der »globalen Solidarität« aus, für die dieses Symbol alles andere als ein zugängliches, offenes ist. Da das Holocaust-Gedenken als Argument für die nationale Souveränität der Juden gedeutet worden ist, dient es nicht der Stärkung des internationalen Rechts oder der Menschenrechte – insbesondere nicht jener Gruppen, deren Rechte irgendwie im Weg zu stehen scheinen könnten.

Eines der bezeichnendsten Beispiele für diese Tendenz ist die Haltung der deutschen Bundesregierung zum Internationalen Strafgerichtshof (IStGH) in Den Haag. Die Institution des Völkerrechts und die internationalen Gerichtshöfe zur Verfolgung von Kriegsverbrechen entstanden im unmittelbaren Kontext der Naziverbrechen. Das ist ein starker Grund, warum Deutschland historische Verantwortung übernimmt und einer der wichtigsten Geldgeber des IStGH ist. Das deutsche Außenministerium hat sich in der Vergangenheit große Mühe gegeben, den IStGH gegen Interventionen der Regierung Trump zu verteidigen, und erklärt: »Das können wir nicht akzeptieren.« Als aber seinerzeit die Chefanklägerin in Den Haag Voruntersuchungen zu angeblichen Kriegsverbrechen Israels in den besetzten Gebieten einleitete, bestritt Deutschland die Zuständigkeit des Gerichts: Israel sei keine Vertragspartei des Römischen Statuts, das das Mandat des Gerichts regelt, und Palästina kein anerkannter Staat. Nachdem die Richter des IStGH dieser Auffassung widersprochen hatten – sie erließen einen Beschluss, dem zufolge Palästina als »staatliche Partei« des Römischen Statuts anerkannt worden sei und somit unter die Jurisdiktion des Gerichts falle –, erklärte eine Sprecherin des Außenministeriums: »Unsere Haltung in der Sache ist unverändert. Nach unserer Rechtsauffassung sind der Internationale Strafgerichtshof und seine Anklagebehörde aufgrund des Fehlens des völkerrechtlichen Elements der Staatlichkeit von Palästina nicht zuständig.« Der damalige deutsche Außenminister wiederholte die Aussage.

Um das Gewicht dieser Erklärungen zu verstehen, muss man über die Frage der Zuständigkeit hinausgehen. Denn sie stellen die *Autorität* des Gerichtes infrage. Würde Deutschland diese Autorität anerkennen, hieße das, die Entscheidung des Gerichts über seine eigene Zuständigkeit wäre ein hinreichender Grund, um Deutschlands Rechtsauffassung zu ändern – und damit seine Souveränität einzuschränken. Die Behauptung der Bundesregierung, dass das Gericht keine Zuständigkeit für die Palästinensergebiete habe, obwohl die Richter entschieden hatten, dass es zuständig sei, sprach dem Gericht nicht nur die Jurisdiktion für die palästinensischen Gebiete ab. Sie sprach ihm auch seine Autonomie und Autorität ab.

Das ist ein gutes Beispiel für den mächtigen Einfluss der vertrauten, aber inoffiziellen Lehre von der Staatsräson – die nur inoffiziell sein kann, da sie sonst gegen die Verfassung verstieße. So sieht es aus, wenn die Verpflichtung gegenüber Europas Antwort auf seine Vergangenheit, sofern sie in der Geschichte begründet ist, an ihre Grenzen stößt und nicht nur nicht universell, sondern anti-universell wird. Mit seiner Staatsräson stellt Deutschland seine eigene Souveränität über die Autonomie des Gerichts, um die jüdische Souveränität vor der Autorität des Gerichts zu schützen. Da Deutschland einer der Hauptzahler des Gerichts ist, stellt das eine ernsthafte Bedrohung für diese Institution dar.

Das war vor vier Jahren. Heute können wir die Folgen dieser Infragestellung der Macht des Völkerrechts sehen. Hat der IStGH Autorität über die Palästinensergebiete, während Gaza dem Erdboden gleichgemacht und ausgehungert wird und israelische Kabinettsmitglieder davon sprechen, in Rafah einzumarschieren, da »wir keine halbe Arbeit machen werden, sondern die vollständige Vernichtung wollen«? Wenn Sie mich fragen, ist es bedauerlich, dass Varoufakis als Europäer eine solche Aussage nicht verurteilt.

Das also ist die Frage: Soll Europa die Antwort, die es auf die wichtigste Frage der modernen Geschichte gegeben hat, lediglich als seine eigene Antwort denken? Als eine Antwort, die gut für hier sein kann, andernorts aber nicht nur falsch, sondern *illegitim* ist? Oder heißt das bereits, Europas Antwort zu diskreditieren – und den ersten Satz in der Geschichte des Niedergangs dieser Antwort zu schreiben, auch in Europa selbst, und das Heft Europas Feinden in die Hand zu geben?

Bedenken wir den Widerstand gegen diese Rede, hier auf dem Judenplatz. Ist es ein illegitimer Gedanke, dass wir uns einen Wandel der Region in Richtung einer europäischen Konstellation vorstellen müssen, um Israel und Palästina davor zu bewahren, in eine noch schlimmere Dystopie abzurutschen? Einer europäischen Konstellation, die denselben Mustern wie jene große europäische Antwort folgt, bei der sich teilsouveräne Nationen eine gemeinsame (kon-)föderative Verfassung für die ganze Region geben? Ist dieser föderative Gedanke, der Immanuel Kants Warnung, Friedensgespräche und Friedensabkommen dürften nicht zu Lügen werden, ernst nimmt, illegitim? Immerhin führen diese Lügen zu Nullsummen-Kriegen, die die Möglichkeit des Friedens selbst untergraben.

Wenn die europäische Antwort auf diese Weise delegitimiert wird, wie wirkt das auf Europa zurück? Wie berührt die Duldung der entmenschlichenden Logik eines totalen Krieges in Israel und Palästina Europas eigene jüdische und muslimische Bürgerinnen? Überlässt man damit nicht der populistischen nationalistischen Rechten das Feld, die überall um uns herum auf dem Vormarsch ist und sich auf die nationale Souveränität beruft, die das Völkerrecht infrage stellt und eine Staatsbürgerschaft auf der Grundlage ethnischer Zugehörigkeit fordert?

Das also wäre mein Aufruf an Europa: Besteht auf der Realität eurer Ideale. Sie sind umso wichtiger aufgrund eurer historischen Verantwortung, können aber letzten Endes als kosmopolitische Ideale nicht abhängig von dieser historischen Verantwortung oder begrenzt auf sie verstanden werden.

An diesem dunklen und schwierigen Scheideweg, an dem die Politik und das Denken jetzt angelangt sind, müssen wir die Neigung auf allen Seiten zurückweisen, Europas Ideale durch ein sehr verantwortungsloses Verständnis historischer Verantwortung zu unterminieren. Nur so lassen sich Europas historische Verpflichtungen aufrechterhalten, und nur so lässt sich verhindern, dass diese Verpflichtungen selbst zu nationalen Formen mythischen Denkens werden.

Aus dem Englischen von Michael Adrian

Omri Boehm, geboren 1979 in Haifa, ist Associate Professor für Philosophie an der New School for Social Research in New York. Bei Propyläen erschienen seine von der Kritik hochgelobten Bücher *Israel – eine Utopie* und *Radikaler Universalismus* sowie wie das gemeinsam mit Daniel Kehlmann verfasste Gesprächsbuch *Der bestirnte Himmel über mir.*

Für *Radikaler Universalismus* wurde Omri Boehm mit dem Preis der Leipziger Buchmesse zur Europäischen Verständigung 2024 geehrt.

Wir verpflichten uns zu Nachhaltigkeit

- Papiere aus nachhaltiger Waldwirtschaft und anderen kontrollierten Quellen
- Druckfarben auf pflanzlicher Basis
- ullstein.de/nachhaltigkeit

Propyläen ist ein Verlag der
Ullstein Buchverlage GmbH
www.propylaeen-verlag.de

MIX
Papier
FSC FSC® C014496

ISBN 978-3-549-11005-8

Umschlaggestaltung: Brian Barth, Berlin

Gesetzt aus der Adobe Garamond Pro
Satz und Repro: LVD GmbH, Berlin
Druck und Bindearbeiten:
GGP Media GmbH, Pößneck

OMRI BOEHM
ISRAEL –
EINE UTOPIE